BACKEN MIT SCHOKOLADE

BACKEN MIT **SCHOKOLADE**

von Linda Collister
Fotos von Patrice de Villiers

Aus dem Englischen
von Josephine Jangowski

CARLSEN

Künstlerische Leitung: Jacqui Small
Graphische Gestaltung: Penny Stock
Redaktion: Elsa Petersen-Schepelern
Fotografie: Patrice de Villiers
Foodstyling: Linda Collister
Styling: Penny Markham
Produktion: Kate Mackillop

Für Emily

Anmerkung: Der Backofen sollte in jedem Fall auf die im Rezept angegebene Temperatur vorgeheizt werden – bei einem Umluftofen ist die Temperatur den Angaben des Herstellers entsprechend anzupassen.

1. Auflage 1999

Originaltitel: Chocolate Baking
Originalverlag: Ryland, Peters & Small, London 1997

Satz: KCS GmbH, Buchholz/Hamburg
ISBN 3-551-85091-7
Printed in China

INHALT

Einleitung

Schokolade zu essen ist ein Genuß, der Geruch ist verführerisch und Backen mit Schokolade eine Freude, aber die Einkaufsgewohnheiten mancher Köche erschüttern meinen Glauben an die menschliche Natur.

Qualitativ hochwertige Schokolade ist etwas Wunderbares, aber gekauft werden meist minderwertige Qualitäten. Gute Vollmilch- oder Bitterschokolade schmeckt zartschmelzend, aber nicht schmierig; bitter, nicht rauh; intensiv und nicht zu süß, sie hat einen langen, in keiner Weise aufdringlichen Nachklang.

Wie erkennt man gute Qualität? Der Preis ist kein sicherer Anhaltspunkt – tatsächlich sind häufig günstige Hausmarken der großen Einzelhandelsketten hochwertig und bieten sich an, wenn größere Mengen zum Backen benötigt werden. Die Qualität und der Geschmack guter Schokolade werden durch Menge und Art der verwendeten Kakaobestandteile wie Kakaobutter und fettfreie Kakaotrockenmasse bestimmt. Die jeweilige Menge ist auf der Packung angegeben. Kuvertüre wird normalerweise für Füllungen und als Überzugsmasse verwendet und enthält mindestens 31% Kakaobutter sowie mindestens 2,5% Kakaotrockenmasse. Zartbitterschokolade enthält mindestens 50 % Gesamtkakaomasse, Bitterschokolade mindestens

60 %. Für Desserts und zum Backen ist Bitterschokolade am besten geeignet.
Rohstoff zur Herstellung von Schokolade sind Kakaobohnen, die Kerne der gelben Früchte des Kakaobaumes *Theobroma Cacao*. Aus dem Ertrag eines Baumes lassen sich jährlich 2,5 kg Schokolade erzeugen. Die hochwertigste Schokolade entsteht aus einer Mischung von verschiedenen Bohnensorten, deren Farbe und Aroma sich ergänzen. Schokolade sollte getrennt von anderen Lebensmitteln aufbewahrt werden, in einem luftdichten Behälter an einem kühlen, trockenen Platz, da sie leicht fremden Geschmack annimmt. Unter 13 °C oder im Kühlschrank ist Schokolade fehl am Platz, da sich beim Wiedererwärmen auf Raumtemperatur Feuchtigkeitströpfchen bilden können.

Ebenfalls ungeeignet ist die Lagerung in einer zu heißen Küche mit einer Raumtemperatur von 30 °C oder darüber, sonst setzt sich die Kakaobutter als weißer Film an der Oberfläche ab. Die Schokolade kann in diesem Fall jedoch weiterhin zum Backen verwendet werden, der Geschmack wird dadurch nicht beeinträchtigt. Schokolade schmilzt bei etwa 30 °C (also auch im Mund!) und verbrennt bei 110 °C.

Zum Backen die Schokolade vorsichtig und bei milder Temperatur im Wasserbad schmelzen, da sie leicht anbrennt und zu einer unbrauchbaren Masse zusammenbäckt. Vor dem Schmelzen in Stücke schneiden. Die Schokolade nicht mit dem Wasser oder Wasserdampf in Berührung bringen, sonst entstehen Klumpen. Regelmäßig umrühren und nach dem Schmelzen schnell vom Herd nehmen.

SCHOKOLADENKUCHEN

Schokoladen-Mandel-Gugelhupf

400 g Weizenmehl Type 550
1/2 TL Meersalz
15 g frische Hefe*
60 g goldener Rohrzucker
200 ml fettarme Milch, lauwarm
3 mittelgroße Eier, verrührt
100 g Butter, temperiert
50 Mandelblättchen oder -stifte
60 g Vollmilchschokolade, grob gehackt

Für die Nußauflage:
25 g Butter, sehr weich
50 g Mandelblättchen oder -stifte
Puderzucker zum Bestäuben

Eine Gugelhupfform von 23 cm Durchmesser

Ergibt 1 großen Kuchen

* Bei Verwendung von Trockenhefe einen Beutel mit 140 g Mehl mischen. Zucker und Milch unterarbeiten und 30 Minuten gehen lassen. In die Mitte des restlichen Mehls eine Vertiefung drücken, Salz hineinstreuen, Vorteig und die Eier zugeben und mit dem Rezept wie angegeben fortfahren.

Für die Nußauflage die Innenseite der Backform dick ausbuttern und die Mandeln fest in die Butter drücken. Form kühl stellen.

Für den Teig das Mehl mit Salz in einer großen Rührschüssel mischen und in die Mitte eine Vertiefung drücken.

Die Hefe in eine kleine Schüssel krümeln und mit dem Zucker und der Milch cremig rühren. In die Vertiefung gießen und mit etwas Mehl zu einem dickflüssigen Vorteig vermischen.

Mit einem feuchten Küchenhandtuch abdecken und bei Raumtemperatur 30 Minuten gehen lassen, bis der Vorteig Blasen wirft. Eier zufügen und mit dem Mehl zu einem weichen und sehr klebrigen Teig verrühren. Den Teig mit der Hand oder mit den Knethaken der Küchenmaschine in 5 Minuten zu einem festeren, sehr elastischen und schimmernden Teig verarbeiten. Die weiche Butter gründlich unterarbeiten, danach die Mandeln und die Schokolade hinzufügen. Den glatten Teig in die Backform löffeln. Die Form sollte halb gefüllt sein.

Die Backform mit einem feuchten Küchentuch abdecken und bei Raumtemperatur etwa 1 Stunde auf das doppelte Volumen gehen lassen – der Teig sollte etwa 2,5 cm höher als die Backform sein.

Im vorgeheizten Ofen bei 200 Grad C/Gas 6 etwa 45 Minuten goldbraun backen. Beim Gartest mit einem Holzstäbchen sollte kein Teig mehr an dem Stäbchen kleben bleiben. Eine Minute auskühlen lassen und auf einen Gitterrost stürzen, vollständig auskühlen lassen. Mit Puderzucker bestäubt servieren. In einem luftdichten Behälter aufbewahren und innerhalb von

3 Tagen verzehren. Tiefgekühlt einen Monat haltbar. Der Kuchen kann zusätzlich unter einem Grill leicht angebräunt werden.

Variationen:

Marmor-Gugelhupf
50 g Mehl durch 25 g Zucker und 50 g durchgesiebtes Kakaopulver ersetzen. Die Schokolade durch die gleiche Menge weiße Schokolade ersetzen. Wie im Grundrezept vorgehen.

Rosinen-Gugelhupf
50 g Mehl durch 25 g Zucker und 50 g durchgesiebtes Kakaopulver ersetzen. Die Schokolade durch die gleiche Menge Rosinen oder Sultaninen ersetzen. Wie im Grundrezept vorgehen.

Anmerkung: Beide mit Kakaopulver hergestellten Kuchen schmecken herrlich, wenn man sie toastet und mit Erdnußbutter bestreicht.

Dieser köstliche Hefekuchen kann in einer klassischen Gugelhupfform, einer Kastenform oder einer Kranzform gebacken werden und schmeckt auch getoastet sehr gut.

Eine herrliche Kombination aus bitterer Schokolade und eingelegtem Ingwer.

Schokoladen-Ingwer-Kuchen

150 g Bitterschokolade, gehackt
150 g Butter, temperiert
150 g goldener Rohrzucker
3 große Eier, getrennt
50 g gemahlene Mandeln
120 g Mehl mit Backtriebmitteln
1 EL Kakaopulver
3 Stücke eingelegter Ingwer, gehackt
2 EL Ingwersirup (aus einem Glas mit eingelegtem Ingwer)

Für den Schokoladenguß:
40 g Bitterschokolade, gehackt
15 g Butter
1 EL Ingwersirup
1 Stück eingelegter Ingwer, in Streifen geschnitten

Eine Kastenform mit 22 x 11 x 7cm Inhalt, gefettet und am Boden mit Backpapier ausgelegt

Ergibt 1 Kuchen

In einer hitzefesten Schale die Schokolade im Wasserbad vorsichtig schmelzen. Glattrühren, vom Herd nehmen und abkühlen lassen. Mit einem Rührlöffel oder dem Elektromixer die Butter schaumig rühren, dann nach und nach den Zucker einrühren. Zu einer Creme aufschlagen, dann die Eigelbe eines nach dem anderen unterrühren.
Die abgekühlte Schokolade unterziehen, dann Mandeln, Mehl und Kakao darübersieben. Vorsichtig mit dem Ingwer und dem Sirup unterheben.
Die Eiweiße zu Schnee schlagen und in drei Portionen unterheben.
Teig in die vorbereitete Form füllen und glatt streichen. Im vorgeheizten Ofen bei 190 Grad C/Gas 5 40 Minuten durchbacken, bis bei einer Garprobe mit dem Holzstäbchen kein Teig mehr am Stäbchen hängen bleibt. 5 Minuten auskühlen lassen, dann auf einen Gitterrost stürzen und auskühlen lassen.
Für den Guß Schokolade mit Butter und Sirup in einer feuerfesten Schüssel im Wasserbad schmelzen. Glattrühren, dann über den Kuchen löffeln. Wenn der Guß angetrocknet ist, die Ingwerstreifen darüberstreuen.
In einem luftdichten Behälter aufbewahren und innerhalb einer Woche verzehren – der Kuchen wird aromatischer, wenn er einige Tage durchziehen kann. Ohne den Guß kann der Kuchen bis zu einem Monat eingefroren werden.

Marmorierter Karamelkuchen

80 g Butterkekse, zerkrümelt
50 g Butter, geschmolzen

Für die Schokoladenmischung:
120 g Vollmilchschokolade, gehackt
35 g Butter, gewürfelt, temperiert
2 große Eier
150 g goldener Rohrzucker
75 g Mehl
1 Prise Salz
1/2 TL Backpulver
2–3 Tropfen Bourbon-Vanilleessenz
60 g Walnüsse oder Pecannüsse

Für die Vanillemischung:
25 g Butter, temperiert
1/2 TL Bourbon-Vanilleessenz
85 g Philadelphia-Frischkäse
50 g goldener Rohrzucker
1 großes Ei, verrührt
10 g Mehl

Eine Springform von 21 cm Durchmesser, gefettet

Ergibt 16 Stücke

Für den Teigboden die Kekskrümel mit der Butter mischen und auf dem Boden der Form gut andrücken. Kühl stellen.
Für die Schokoladenmischung die Schokolade bei milder Hitze im Wasserbad schmelzen, glattrühren, vom Herd nehmen und die Butter unterrühren.
In einer weiteren Rührschüssel die Eier mit dem Zucker cremig schlagen. Mehl, Salz und Backpulver darübersieben und gut unterziehen. Geschmolzene Schokolade, Butter und Vanille hinzugeben. Die Nüsse hacken, dann gründlich unterrühren. Mischung auf den Teigboden streichen.
Für die Vanillecreme die Butter schaumig schlagen. Vanille und Frischkäse hinzufügen und zu einer leichten Creme aufschlagen. Löffelweise den Zucker, zum Schluß das Ei unterschlagen. Mehl zugeben und gut unterheben.
Die Vanillecreme auf dem Schokoladenmix verteilen und mit einer Gabel verrühren, bis sich ein Marmoreffekt ergibt.
In einem vorgeheizten Ofen bei 180 Grad C/Gas 4 etwa 25 Minuten fest backen. In der Form auskühlen lassen, dann herausnehmen. Bei Raumtemperatur servieren.
In einem luftdichten Behälter aufbewahren und innerhalb von 5 Tagen verzehren. Tiefgekühlt einen Monat haltbar.

Dieser Kuchen schmeckt besonders aromatisch, wenn er einige Tage durchziehen kann.

Espresso-Kuchen

Mehl mit Kakaopulver, Salz, Kaffeepulver und Mandeln durchsieben. In einer Rührschüssel die Butter schaumig rühren.
Nach und nach den Zucker unterrühren. Sobald die Mischung cremig ist, die Eier nach und nach unterschlagen.
Vorsichtig die festen Bestandteile sowie das heiße Wasser und den Alkohol unterheben.
In die vorbereitete Springform füllen und glattstreichen. Im vorgeheizten Ofen bei 180 Grad C/Gas 4 40 Minuten backen, bis bei der Garprobe kein Teigrückstand am Holzstäbchen kleben bleibt. Den Kuchen vorsichtig vom Rand lösen und die Springform öffnen. Den Kuchen auf einem Gitterrost auskühlen lassen.
Für den Guß die Sahne erhitzen, bis sie aufkocht, vom Herd nehmen und Schokolade und Kaffee oder Alkohol hinzufügen. Vollständig schmelzen lassen, dann sanft umrühren.
Guß abkühlen und anziehen lassen. Den Kuchen komplett überziehen und trocknen lassen. In einem luftdichten Behälter über Nacht vollständig auskühlen lassen. Innerhalb einer Woche verzehren. Tiefgekühlt einen Monat haltbar.

Die Verwendung von Kaffeepulver statt Kaffee-Extrakt kommt einem zunächst seltsam vor – der Kuchen wird dennoch saftig und schmeckt besonders lecker!

90 g Kakaopulver
1 Prise Salz
1 TL sehr feines Espressopulver
120 g gemahlene Mandeln
230 g Butter
230 g goldener Rohrzucker
225 g Mehl mit Backtriebmitteln
4 große Eier, verrührt
3 EL kochendes Wasser
1 EL Kaffeelikör oder Weinbrand (nach Belieben)

Für den Schokoladenguß:
150 g Schlagsahne
150 g Halbbitterschokolade
1 EL sehr starker schwarzer Kaffee, Kaffeelikör oder Brandy

Springform von 24 cm Durchmesser, gefettet, am Boden mit Backpapier ausgelegt

Ergibt 1 Kuchen

Dieser weiche, feuchte Kuchen ohne Mehl gelingt mit verschiedenen Nußsorten wie Macadamianüssen, Pecans, Walnüssen, Mandeln oder Haselnüssen.

Nuß-Karamel-Kuchen

350 g Vollmilchschokolade, gehackt
175 g Butter, gewürfelt
55 g Kakaopulver, gesiebt
5 große Eier
1 TL Bourbon-Vanilleessenz
250 g goldener Rohrzucker
100 g Nüsse nach Belieben, grob gehackt
Puderzucker und Kakaopulver zum Bestäuben

Springform von 22 cm Durchmesser, gefettet und am Boden mit Backpapier ausgelegt

Ergibt 1 Kuchen

Schokolade und Butter im Wasserbad unter ständigem Rühren schmelzen. Sobald die Mischung glatt ist, vom Herd nehmen und das Kakaopulver unterziehen, dann abkühlen lassen.

In einer Rührschüssel die Eier mit dem Zucker und der Vanille cremig aufschlagen. Mit dem elektrischen Handmixer über Dampf zur Rose aufschlagen.

Vom Herd nehmen und unter Rühren kalt schlagen. Vorsichtig die Schokoladen-Butter-Mischung, dann die Nüsse unterziehen.

Sobald der Teig kompakt ist, in die Springform füllen und glattstreichen.

Im vorgeheizten Ofen bei 180 Grad C/Gas 4 35 Minuten fest werden lassen (der Kuchen sollte innen noch feucht sein, daher nicht zu lange backen).

In der Form auskühlen lassen, herausnehmen und mit Puderzucker und Kakaopulver bestreuen. In einem luftdichten Behälter aufbewahren und innerhalb einer Woche verzehren. Nicht zum Einfrieren geeignet.

Eine unwiderstehliche Kombination: Rum-Rosinen, Butter, Zucker, Mehl und Schokolade. Und dabei macht es nichts, wenn die Früchte beim Backen nach unten sinken.

Schokoladenkuchen

70 g Sultaninen
2 EL Rum
4 große Eier, temperiert
etwa 250 g Butter, temperiert
etwa 250 g goldener Rohrzucker
50 g Kakaopulver
etwa 200 g Mehl mit Backtriebmitteln
1 Prise Salz

Kastenform für etwa 900 g Kuchenteig, doppelt mit Backpapier ausgelegt

Ergibt 1 großen Kuchen

Die Sultaninen über Nacht im Rum einweichen.
Am nächsten Tag die Eier auswiegen und jeweils genau die gleiche Menge Mehl und Zucker verwenden.
Kakaopulver mit der gleichen Menge Mehl mischen. Salzen und gründlich durchsieben.
Butter mit einem elektrischen Handmixer schaumig rühren. Nach und nach den Zucker unterrühren und zu einer hellen und lockeren Creme aufschlagen.
Eier aufschlagen und eßlöffelweise unter die Creme rühren.
Mit einem Palettenspatel die Mehlmischung sanft unterheben, zum Schluß die Sultaninen und den Rum.
In die Backform löffeln und glattstreichen. Im vorgeheizten Ofen bei 200 Grad C/Gas 6 40–50 Minuten backen, bis die Garprobe gelingt.
Einige Minuten in der Form auskühlen lassen, dann herausheben und das Papier abziehen. Auf einem Gitterrost abkühlen lassen.
In einem luftdichten Behälter aufbewahren und innerhalb einer Woche verzehren. Tiefgekühlt einen Monat haltbar.

Devil's Foodcake

Schokolade, Butter, Zucker und Sirup bei milder Hitze im Wasserbad schmelzen, dabei häufig rühren. Vom Herd nehmen und auskühlen lassen.
Mehl, Kakaopulver und Natron in eine Rührschüssel füllen und eine Vertiefung in die Mitte drücken. Schokoladen-Butter-Mischung einfüllen, umrühren und Eier, Vanille und Milch hinzufügen. Vorsichtig mit einem Kochlöffel gut durchrühren.
Den Teig in die vorbereiteten Formen füllen und glattstreichen. Im vorgeheizten Ofen bei 170 Grad C/Gas 3 15–20 Minuten fest werden lassen. Auskühlen lassen, dann aus den Formen lösen.
Für den Guß die Milch mit dem Zucker erhitzen, dabei gründlich rühren, bis sich der Zucker gelöst hat. In etwa einer Minute zu sirupartiger Konsistenz einkochen lassen. Vom Herd nehmen und die Schokolade unterrühren, bis sie sich gelöst hat, dann Butter und Vanille dazugeben. Unter gelegentlichem Rühren abkühlen lassen, dann kräftig durchrühren, bis der Guß anzieht. Ein Drittel des Gusses auf einen der Böden streichen, den zweiten darübersetzen. Mit dem restlichen Guß gleichmäßig glasieren. An einer kühlen Stelle auskühlen lassen (nicht im Kühlschrank), bis der Guß erstarrt ist. In einem luftdichten Behälter aufbewahren und innerhalb von 5 Tagen verzehren. Die unglasierten Kuchenböden können bis zu einem Monat eingefroren werden.

Eine ungewöhnliche Backidee, dabei leicht und schnell gemacht – ein dunkler, aber weicher Kuchen mit intensivem Aroma.

90 g Bitterschokolade, gehackt
115 g Butter
90 g dunkler Roh-Rohrzucker
1 EL Sirup
175 g Mehl
25 g Kakaopulver
1/2 TL Natron
2 große Eier, verrührt
1/2 TL Bourbon-Vanilleessenz
90 ml Vollmilch

Für den Schokoladenguß:
150 g rahmige Milch
100 g goldener Rohrzucker
60 g Zartbitterschokolade, gehackt
60 g Butter, temperiert
1/2 TL Bourbon-Vanilleessenz

Zwei quadratische Backformen von 18 cm Querschnitt, gefettet und am Boden mit Backpapier ausgelegt

Ergibt 1 Kuchen

SCHOKOLADENKEKSE

Schokoladenkrusten

115 g Zartbitterschokolade, grob gehackt
115 g Butter, gewürfelt, temperiert
1 großes Ei
2–3 Tropfen Bourbon-Vanilleessenz
175 g brauner Rohrzucker
175 g Mehl mit Backtriebmitteln
1/2 TL Natron
etwa 2 EL Puderzucker zum Bestäuben

Mehrere Backbleche, gefettet

Ergibt 28 Stück

Die Schokolade im Wasserbad bei milder Hitze unter häufigem Rühren schmelzen.

Die Schüssel aus dem Wasserbad nehmen und die Butter unter die Schokolade rühren. In einer weiteren Schüssel Eier und Vanilleessenz mit einem Schneebesen oder den Quirlen des elektrischen Handmixers aufrühren, dann nach und nach den Zucker hinzufügen und zu einer dicken Creme schlagen. Zum Schluß die Schokolade unterrühren.

Mehl und Natron darübersieben und zu einem festen Teig einarbeiten. Sollte der Teig zu warm und klebrig sein, in Folie wickeln und eine Viertelstunde kalt stellen.

Mit den Händen den Teig zu walnußgroßen Kugeln rollen. Jede Kugel in Puderzucker wenden, dann mit ausreichend Abstand voneinander auf die Backbleche setzen.

Im vorgeheizten Ofen bei 200 Grad C/Gas 6 10–12 Minuten fest werden lassen.

Eine Minute auf dem Blech auskühlen lassen, dann auf einem Gitterrost vollständig erkalten lassen.

In einem luftdichten Behälter aufbewahren und innerhalb einer Woche verzehren. Tiefgekühlt einen Monat haltbar.

Im Ofen werden diese Kekse knusprig und bekommen kleine Risse – mit Puderzucker sieht das Ergebnis noch einmal so dramatisch aus.

Dieses Mürbegebäck sieht besonders gut aus, wenn es in eine originelle Form gebracht wird. Dann backen, auskühlen lassen und in Schokolade tauchen.

Schokoladen-Zimtsterne

Mit einem Kochlöffel oder dem elektrischen Handmixer die Butter schaumig rühren. Nach und nach den Zucker unterrühren und zu einer dicken Creme aufschlagen. Mehl, Salz, Zimt und Reismehl darübersieben und untermischen. Sobald ein Teig entstanden ist, diesen auf eine leicht bemehlte Arbeitsfläche legen und kurz zu einem weichen, aber nicht klebrigen Teig kneten. Sollte der Teig zu klebrig sein, in Folie wickeln und durchkühlen.

Teig etwa 5 mm dick ausrollen und mit dem Ausstecher Sterne ausstechen. Teigreste nochmals zusammenkneten und wieder ausrollen.

Die Sterne mit geringem Abstand voneinander auf die Backbleche setzen, mit einer Gabel einstechen und 15 Minuten kühl stellen.

Im vorgeheizten Backofen bei 180 Grad C/Gas 4 12–15 Minuten fest werden lassen, ohne daß die Sterne zu stark bräunen. Auf den Blechen einige Minuten auskühlen und fest werden lassen, dann auf Gitterroste zum Erkalten legen.

Sobald die Kekse vollständig ausgekühlt sind, die Kuvertüre im Wasserbad schmelzen. Glattrühren, dann vom Herd nehmen. Die Ecken der Sterne in die Kuvertüre tauchen, dann auf Wachs- oder Backpapier bzw. einem Gitterrost auskühlen lassen.

Die fertigen Kekse in einem luftdichten Behälter aufbewahren und innerhalb von 3 Tagen verzehren. Die unglasierten Kekse halten tiefgekühlt bis zu einem Monat.

180 g Butter, temperiert
90 g goldener Rohrzucker
230 g Mehl
1 großzügige Prise Salz
1 TL gemahlener Zimt
40 g Reismehl, Reispulver oder Speisestärke
50 g dunkle Kuvertüre

Mittelgroßer Sternausstecher
Mehrere Backbleche, gefettet

Ergibt etwa 30 Stück

Schwarzweißgebäck

115 g Butter, temperiert
85 g brauner Rohrzucker
1 großes Ei, verrührt
60 g Mehl mit Backtriebmitteln
1/2 TL Backpulver
1 Prise Salz
1/2 TL Bourbon-Vanilleessenz
115 g Haferflocken
175 g Zartbitterschokolade, in grobe Stücke gehackt

Mehrere Backbleche, gefettet

Ergibt etwa 24 Stück

Butter mit einem Kochlöffel oder dem elektrischen Handmixer schaumig schlagen. Zucker hinzufügen und cremig aufschlagen. Das Ei gründlich unterrühren.
Mehl, Salz und Backpulver darübersieben, Vanilleessenz darüberträufeln und mit den Haferflocken unterrühren. Zum Schluß die Schokoladenstücke einarbeiten. Mit einem Teelöffel kleine Häufchen vom Teig abstechen und mit ausreichend Abstand voneinander auf den Backblechen verteilen. Im vorgeheizten Ofen bei 180 Grad C/Gas 4 12–15 Minuten goldbraun backen.
Einige Minuten auf dem Backblech fest werden lassen, dann auf einem Gitterrost vollständig auskühlen lassen.
In einem luftdichten Behälter aufbewahren und innerhalb einer Woche verzehren. Tiefgekühlt etwa einen Monat haltbar.

Machen Sie sich die Mühe, die Schokolade selbst in Stücke zu hacken – die Kekse werden wesentlich aromatischer als mit gekauften Schokoladensplittern.

Die etwas anderen Schokoladenkekse mit doppeltem Genuß: der Teig wird mit geschmolzener Schokolade zubereitet und enthält dazu noch zartschmelzende Schokoladenstückchen.

Schokoladen-Nuß-Riesen

140 g Vollmilchschokolade, gehackt und geschmolzen
100 g Butter, temperiert
80 g goldener Rohrzucker
80 g brauner Rohrzucker
1 großes Ei, verrührt
1/2 TL Bourbon-Vanilleessenz
150 g Mehl
1 Prise Salz
1/2 TL Backpulver
50 g Pecan- oder Walnüsse
100 g Zartbitter- oder weiße Schokolade

Mehrere Backbleche, gefettet

Ergibt 16 Stück

Mit einem Kochlöffel oder dem elektrischen Handmixer die Butter schaumig schlagen. Zucker unterrühren und zu einer dicken Creme aufschlagen. Nacheinander das Ei und die Vanilleessenz unterschlagen, zum Schluß die geschmolzene Schokolade dazugeben.

Mehl, Salz und Backpulver darübersieben und umrühren. Sobald der Teig gründlich durchgearbeitet ist, die Nüsse und Schokoladenstücke unterziehen.

Mit einem Teelöffel kleine Häufchen vom Teig abstechen und mit ausreichend Abstand voneinander auf den Backblechen verteilen.

Im vorgeheizten Ofen bei 180 Grad C/Gas 4 12–15 Minuten goldbraun backen.

Einige Minuten auf dem Backblech fest werden lassen, dann auf ein Gitterrost legen und vollständig auskühlen lassen. In einem luftdichten Behälter aufbewahren und innerhalb einer Woche verzehren. Tiefgekühlt etwa einen Monat haltbar.

TEEKUCHEN & SCHNITTEN

Schokoladen-Karamel-Konfekt

400-ml-Dose Kondensmilch, ungeöffnet
120 g Butter, temperiert
60 g goldener Rohrzucker
160 g Mehl
20 g Kakaopulver

Für den Schokoladenguß:
160 g Zartbitterschokolade, gehackt
30 g Butter, gewürfelt
etwa 50 g weiße Schokolade zur Garnitur

Auflaufform von 20 cm Kantenlänge und 5 cm Tiefe, gefettet

Ergibt 16 Stück

Die ungeöffnete Dose Kondensmilch in einer schweren Kasserole mit Wasser bedecken. Zum Kochen bringen und im offenen Topf 3 1/2 Stunden köcheln lassen. Regelmäßig das verkochte Wasser ersetzen, die Dose muß immer bedeckt sein. Dose vollständig auskühlen lassen, dann öffnen: der Inhalt sollte nun aus dunkelgoldenem Karamel bestehen.

In der Zwischenzeit den Biskuitboden herstellen: Butter schaumig rühren, Zucker unterrühren und zu einer dicken Creme aufschlagen. Mehl mit dem Kakaopulver darübersieben und mit der Hand zu einem weichen Teig verkneten. Teig in die vorbereitete Form füllen und gleichmäßig andrücken. Mit einer Gabel einstechen und für 15 Minuten kühl stellen.

Den Teigboden im vorgeheizten Ofen bei 180 Grad C/Gas 4 in etwa 20 Minuten fest backen – nur die Ecken dürfen leicht bräunen, sonst wird der Teig bitter!

In der Form auskühlen lassen. Mit dem Karamel bestreichen und 1–2 Stunden kalt stellen.

Für den Guß die Schokolade bei sanfter Hitze im Wasserbad schmelzen lassen. Glattrühren, vom Herd nehmen und die Butter unterziehen. Über den Karamel streichen und anziehen lassen. Die weiße Schokolade für die Garnitur ebenfalls im Wasserbad schmelzen, auf den Guß träufeln und mit einer Gabel Muster ziehen. Oder mit einer aus Pergamentpapier gerollten Spritztüte Muster aufspritzen.

Über Nacht auskühlen lassen, dann in Würfel schneiden. In einem luftdichten Behälter aufbewahren und innerhalb einer Woche verzehren. Nicht zum Tiefkühlen geeignet.

Schokoladenwürfel

Die dunkle Schokolade im Wasserbad unter gelegentlichem Rühren schmelzen, glattrühren, vom Herd nehmen, dann auskühlen lassen.
Währenddessen die Butter schaumig schlagen, Zucker und Vanille hinzufügen und zu einer dicken Creme aufschlagen. Nacheinander das Ei und die ausgekühlte Schokolade unterrühren.
Mehl, Backpulver, Natron und Kakaopulver in eine weitere Rührschüssel sieben und gut mischen. In drei Arbeitsschritten abwechselnd mit dem Sauerrahm unter die Schokoladenmischung heben. In die vorbereitete Backform löffeln und glattstreichen.
Im vorgeheizten Ofen bei 190 Grad C/Gas 5 25–30 Minuten gerade fest werden lassen. In der Form auskühlen lassen, dann herausnehmen.
Für den Guß die weiße Schokolade im Wasserbad schmelzen und die Butter unterziehen. Glattrühren, über dem Kuchen verteilen und anziehen lassen.
In 16 Stücke teilen und in einem luftdichten Behälter aufbewahren. Innerhalb von 5 Tagen verzehren, tiefgekühlt einen Monat haltbar.

Drei Schokoladensorten machen diese kleinen Kuchen zu einer Bereicherung jeder Kaffeestunde.

60 g Zartbitterschokolade, gehackt
120 g Butter, temperiert
170 g brauner Rohrzucker
1/2 TL Bourbon-Vanilleessenz
1 großes Ei, verrührt
220 g Mehl
1 TL Backpulver
1/2 TL Natron
25 g Kakaopulver
150 g Sauerrahm

Für den weißen Schokoladenguß:
50 g weiße Kuvertüre, gehackt
20 g Butter, temperiert

Auflaufform von 20 cm Kantenlänge und 5 cm Tiefe, gefettet

Ergibt 16 Stück

Karamel-Brownies

140 g Butter
4 große Eier, verrührt
340 g brauner Rohrzucker
1 TL Bourbon-Vanilleessenz
1 großzügige Prise Salz
75 g Kakaopulver
140 g Mehl
100 g Walnüsse oder Pecannüsse, weiße oder Vollmilchschokolade oder eine Mischung davon, gehackt

Auflaufform von 23 cm Kantenlänge und 5 cm Tiefe, mit Backpapier ausgelegt

Ergibt 16 Stück

Butter in einer Kasserolle schmelzen und auskühlen lassen.
In der Zwischenzeit den Teig vorbereiten. Mit einem Kochlöffel die Eier gerade so sanft mit dem Zucker verrühren, daß sich keine Klumpen bilden. Die abgekühlte Butter und die Bourbon-Vanilleessenz unterziehen. Salz, Kakaopulver und Mehl mischen, in die Schüssel sieben und leicht unterrühren – nicht zu heftig rühren, sonst entsteht ein Kuchen, aber keine Brownies wie in Amerika.
Zum Schluß Nüsse oder Schokolade unterheben. In die vorbereitete Form füllen und glattstreichen.
Im vorgeheizten Ofen bei 170 Grad C/Gas 3 35–40 Minuten backen, bis bei der Garprobe kein Teigrückstand am Holzstäbchen kleben bleibt.
Das Innere der Brownie-Masse sollte gerade fest sein – nicht zu lange backen, sonst werden die Brownies zu trocken.
Backform auf ein feuchtes Küchenhandtuch stellen und vollständig auskühlen lassen.
Die Brownies mit dem Backpapier aus der Form heben, Papier entfernen und den Kuchen in 16 Stücke teilen.
Luftdicht aufbewahren und innerhalb einer Woche verzehren. Tiefgekühlt einen Monat haltbar.

Eine köstliche Variante des amerikanischen Klassikers.

Walnußschnitten

140 g Butter
400 g brauner Rohrzucker
1 TL Bourbon-Vanilleessenz
3 große Eier, verrührt
300 g Mehl
1 TL Backpulver
1 großzügige Prise Salz
50 g Walnüsse, grob gehackt
50 g weiße Kuvertüre, grob gehackt
50 g Zartbitterschokolade

Auflaufform von 30 x 22 cm Kantenlänge, mit Backpapier ausgelegt

Ergibt 48 Stück

Butter in einer großen Kasserolle mit schwerem Boden zerlassen. Zucker hinzufügen, gut unterrühren und Kasserolle vom Herd nehmen. Eine Minute abkühlen lassen, dann die Bourbon-Vanilleessenz und die Eier hinzufügen.

Mehl, Backpulver und Salz in den Topf sieben und gründlich vermischen – nicht zu heftig oder zu lange rühren.

Teigmischung in die vorbereitete Backform füllen und glatt streichen. Nüsse und Schokoladenstücke darüberstreuen.

Im vorgeheizten Ofen bei 180 Grad C/Gas 4 etwa 25 Minuten gerade fest werden lassen.

Einige Minuten in der Form abkühlen lassen, dann den Kuchen mit dem Backpapier herausheben und auf einem Gitterrost vollständig auskühlen lassen.

Backpapier abziehen und den Kuchen in 48 Stücke schneiden. In einem luftdichten Behälter aufbewahren und innerhalb von 48 Stunden verzehren. Die Walnußschnitten halten sich tiefgekühlt einen Monat, sind aber nach dem Auftauen wesentlich fester und nicht mehr so saftig.

Eine Art Brownie, mit Nüssen und zweierlei Sorten Schokolade verfeinert.

Ein delikater Genuß, mit fein gemahlenem Kaffeepulver aromatisiert.

Mokka-Madeleines

Butter und Schokolade bei milder Hitze im Wasserbad schmelzen, dabei häufig rühren. Vom Herd nehmen und kühl stellen.
In der Zwischenzeit das Mehl zweifach mit dem Kakaopulver, Salz und Espresso sieben, dann beiseite stellen. Mit dem elektrischen Handmixer die Eier mit dem Zucker zu einer dicken Creme aufschlagen. In drei Schritten die Mehlmischung unterheben, zum Schluß die Schokolade. Der Teig verliert dadurch ein wenig an Volumen.
Etwa einen gehäuften Teelöffel Teig in jedes Förmchen füllen (zwei Drittel der Füllhöhe).
Im vorgeheizten Ofen bei 190 Grad C/Gas 5 10–12 Minuten gerade fest werden lassen. Eine Minute abkühlen lassen, dann mit einem Konditormesser aus den Förmchen lösen.
Auf einem Gitterrost auskühlen lassen, dann mit Puderzucker bestreuen. In einem luftdichten Behälter aufbewahren und innerhalb einer Woche verzehren. Tiefgekühlt einen Monat haltbar.

140 g Butter, gewürfelt
85 g Bitterschokolade, gehackt
150 g Mehl
2 EL hochwertiges Kakaopulver
1 Prise Salz
1 TL fein gemahlenes Espressopulver
4 große Eier
140 g goldener Rohrzucker
Puderzucker zum Bestäuben

Madeleine-Förmchen, doppelt gebuttert*

Ergibt 30 Stück

* Am besten eignen sich antihaftbeschichtete Förmchen. Metallförmchen zweimal mit geschmolzener Butter ausstreichen, zwischendurch kühl stellen.

TARTES

Schokoladen-Birnen-Kuchen

180 g Mehl
110 g Butter, gekühlt und gewürfelt
35 g goldener Rohrzucker
1 Eigelb
etwa 1 EL Eiswasser

Für die Schokoladen-Birnen-Füllung:
125 g Bitterschokolade, gehackt
125 g Butter, temperiert
90 g goldener Rohrzucker
4 große Eier, in Eiweiß und Eigelb getrennt
125 g gemahlene Mandeln
2–3 Tropfen Bittermandelöl
1 Prise Salz
2 reife, mittelgroße Birnen

Obstkuchenform mit herausnehmbarem Boden von 23 cm Durchmesser
Backblech

Ergibt eine Torte mit 8 Stücken

Für den Tortenboden das Mehl in eine Schüssel sieben und die Butterwürfel mit den Fingerspitzen einarbeiten, bis sich Streusel ergeben.
Zucker unterrühren, Eigelb und Wasser hinzufügen und mit einem Konditormesser oder einem Messer mit abgerundeter Spitze zu einem Teig verarbeiten. Sollte der Teig zu trocken oder krümelig bleiben, noch etwas Wasser hinzufügen.
Den Mürbeteig mit den Händen schnell zu einem kompakten, aber nicht klebrigen Ball formen – Teig dabei nicht kneten!
Bei Verwendung einer Küchenmaschine Mehl, Butter und Zucker zu feinen Streuseln verrühren. Während die Maschine noch rührt, Eigelb und Wasser dazugeben und zu einem kompakten Teig verarbeiten.
Den Teig in Folie wickeln und 20 Minuten kühl stellen. Auf einer leicht bemehlten Arbeitsfläche den Teig zu einem Kreis von 29 cm Durchmesser ausrollen und die Form damit auslegen. Kühl stellen, während die Füllung zubereitet wird.
Das Backblech in den auf 200 Grad C/Gas 6 vorgeheizten Ofen stellen – der Teigboden wird später besonders knusprig.
Für die Füllung die Schokolade sanft im Wasserbad schmelzen, herausnehmen und kühl stellen.
In der Zwischenzeit mit dem Handmixer oder einem Kochlöffel die Butter schaumig rühren, dann den Zucker unterrühren und zu einer dicken Creme aufschlagen. Nach und nach die Eigelbe unterschlagen. Zum Schluß die Schokolade unterziehen, dann die Mandeln und das Bittermandelöl mit einem Palettenspatel unterheben.
Eiweiße mit einer Prise Salz zu Schnee schlagen und vorsichtig

unter die Füllung heben. Die Füllung in die Backform füllen und glattstreichen.
Die Birnen schälen, halbieren und mit einem Kugelausstecher oder Teelöffel entkernen. Die Birnenhälften so in dünne Scheiben schneiden, daß sie am oberen Ende zusammenbleiben und sich auffächern lassen. Birnenfächer dekorativ auf der Schokoladenfüllung arrangieren.
Die Backform auf das heiße Backblech stellen und 15 Minuten backen, dann die Ofentemperatur auf 180 Grad C/Gas 4 zurückschalten und weitere 10 Minuten backen lassen, bis der Kuchen so durchgebacken ist, daß kein Teig mehr bei der Garprobe in der Mitte am Holzstäbchen klebt.
Vorsichtig aus der Form lösen und entweder warm oder abgekühlt mit Crème fraîche oder Vanilleeis servieren. Noch besser schmeckt die Torte, wenn sie einen Tag durchziehen konnte, allerdings fällt sie dabei ein wenig in sich zusammen.

Variation:
Normannische Schokoladentorte mit Äpfeln
Die Birnen durch knackige Backäpfel ersetzen und wie die Birnen fächerförmig zuschneiden. 1/2 TL gemahlenen Zimt zur Schokoladenfüllung geben und wie im Originalrezept fortfahren.

Versuchen Sie gerade ausgereifte Williams Christ-Birnen für diese intensiv aromatische, aber nicht zu süße Torte zu bekommen.

Diese Säckchen schmecken herrlich bei Zimmertemperatur, aber auch warm oder gekühlt mit Vanilleeis, Crème fraîche oder Schokoladensauce.

Maronen-Schokoladen-Säckchen

Etwa 300 g Blätterteig
250 g Sahnequark oder Mascarpone
40 g Roh-Rohrzucker
2 mittelgroße Eigelbe
2–3 EL Rum
200 g Zartbitterschokolade, grob gerieben
120 g Maronen aus der Dose, abgetropft, grob gehackt
60 g geschmolzene Butter, zum Bestreichen
Puderzucker zum Bestäuben

Mehrere Backbleche

Ergibt 12 Stück, ausreichend für 4–6 Personen

Falls nötig, den Blätterteig nach der Anweisung auf der Packung auftauen. Blätterteig mit einem feuchten Küchenhandtuch bis zum Gebrauch abdecken, der Teig trocknet schnell aus und ist dann nicht mehr zu gebrauchen.

Für die Füllung den Quark glattrühren, dann den Zucker einrühren und zuletzt die Eigelbe. Nach Belieben mit Rum abschmecken. Zum Schluß die Schokolade und die Maronen unterziehen.

3 Scheiben Teig auf die Arbeitsfläche legen und in Rechtecke von 18 cm Kantenlänge schneiden. Pro Säckchen einen großzügigen Eßlöffel Füllung auf jede Teigscheibe setzen, die Ecken hochnehmen und zu einem Säckchen zusammendrehen. Insgesamt ergeben sich 12 Säckchen.

Säckchen mit ausreichendem Abstand auf das Backblech setzen und 15 Minuten abkühlen lassen.

Mit der geschmolzenen Butter bestreichen und im vorgeheizten Ofen bei 190 Grad C/Gas 5 15 Minuten goldbraun backen. Zum Servieren mit Puderzucker bestäuben.

Pecannuß-Karamel-Pie

180 g Mehl
1 Prise Salz
110 g Butter, gekühlt und gewürfelt
35 g goldener Rohrzucker
1 Eigelb
1 EL Eiswasser zum Binden

Für die Nußfüllung:
220 g brauner Rohrzucker
300 ml Crème double
70 g Zartbitterschokolade, gehackt
2 mittelgroße Eigelbe
1/2 TL Bourbon-Vanilleessenz
1 EL Bourbon-Whiskey (nach Belieben)
150 g Pecannußhälften
abgeschälte Flocken weißer Schokolade zur Garnitur

Obstkuchenform mit herausnehmbarem Boden von 23 cm Durchmesser

Ergibt 8–10 Stücke

Mehl und Salz in die Rührschüssel füllen. Butter hinzufügen und durchrühren, bis sich Streusel bilden. Zucker hinzufügen und kurz unterrühren. Unter Rühren Eigelb und Wasser hinzufügen und alles zu einem festen Teig verarbeiten. In Folie hüllen und 20 Minuten kalt stellen. Den Teig zu einem Kreis von 29 cm Durchmesser ausrollen und die Form damit auslegen. Mit einer Gabel gut einstechen und 15 Minuten kalt stellen. Teigboden blind backen: Teig mit Backpapier belegen und die Form mit getrockneten Bohnen füllen. Im vorgeheizten Ofen bei 200 Grad C/Gas 5 15 Minuten backen, bis der Teig fest ist. Papier und Bohnen entfernen und Teig in weiteren 5–10 Minuten knusprig und goldbraun backen.

Für die Füllung: Zucker und Crème double in einer Kasserolle mit schwerem Boden bei mittlerer Hitze erwärmen, bis sich der Zucker gelöst hat und die Sahne nahezu kocht. Vom Herd nehmen und die Schokolade unterrühren. Glattrühren, dann die Eigelbe hinzugeben und bei milder Hitze unter Rühren erwärmen, bis die Mischung andickt. Nicht aufkochen lassen!

Vom Herd nehmen und die Bourbon-Vanilleessenz, den Whiskey und die Nüsse einrühren. In die Form füllen und kühl stellen. Mit weißen Schokoflocken dekorieren, die sich leicht mit einem Sparschäler herstellen lassen. Innerhalb von 3 Tagen verzehren. Nicht zum Tiefkühlen geeignet.

Eine Nußtorte im Stil der amerikanischen Südstaaten mit Nüssen, Schokolade und Bourbon-Whiskey.

Schokoladen-Käse-Kuchen mit Amaretti

Für den Teigboden die Butter mit den Kekskrümeln verkneten und gleichmäßig auf dem Boden der Backform andrücken. Kühl stellen, bis die Füllung zubereitet ist.

Für die Füllung Schokolade hacken und bei milder Hitze im Wasserbad schmelzen. Herausnehmen, glattrühren, dann kalt stellen.

Frischkäse, Eier und Zucker in der Küchenmaschine verrühren. Crème double dazugeben und kurz durchmischen. Geschmolzene Schokolade und Amaretto unter Rühren hinzufügen und alles glattrühren.

Füllung auf dem Boden verteilen und glattstreichen. Im vorgeheizten Ofen bei 170 Grad C/Gas 3 40 Minuten gerade durchbacken. Im Ofen bei leicht geöffneter Tür über Nacht auskühlen lassen.

Springform vorsichtig öffnen und den Kuchen herausnehmen. Mit den Keksstücken belegen, mit geschmolzener Schokolade beträufeln, dazu entweder eine Gabel benutzen oder eine aus Pergamentpapier gerollte Spritztüte.

Käsekuchen in einem luftdichten Behälter im Kühlschrank aufbewahren und 30 Minuten vor dem Servieren herausholen. Innerhalb der nächsten 5 Tage verzehren. Tiefgekühlt einen Monat haltbar.

Die Amaretti verleihen diesem Kuchen den nussigen Geschmack und die besondere Knusprigkeit.

60 g Butter, geschmolzen
100 g Amaretti-Kekse, zerkrümelt

Für die Schokoladenfüllung:
200 g Zartbitterschokolade
400 g Philadelphia-Frischkäse
2 mittelgroße Eier
60 g goldener Rohrzucker
200 ml Crème double
50 ml Amaretto (Mandellikör, nach Belieben)

Für die Garnitur:
6 Amaretti-Kekse, in Stücke zerbrochen
40 g Bitterschokolade, geschmolzen

Springform von 21 cm Durchmesser, gefettet

Ergibt 12 Stücke

Vorsicht: Suchtgefahr. Dieser Variante eines Puddings für Kinder können auch Erwachsene nicht widerstehen.

Schokoladen-Reis-Auflauf

30 g Vollmilchschokolade, gehackt
550 ml Vollmilch
35 g Rundkornreis
25 g goldener Rohrzucker
1 Vanilleschote *

Auflaufform von 750 ml Fassungsvermögen, sorgfältig ausgebuttert

Ergibt 4 Portionen

* Die Vanilleschote kann sorgfältig ausgespült, getrocknet und wiederverwendet werden.

Schokolade mit der Milch bei sanfter Hitze erwärmen, bis die Schokolade geschmolzen ist. Gelegentlich umrühren. Abkühlen lassen. Reis, Vanille und Zucker in die Auflaufform geben und die Schokoladenmilch darübergießen. Sanft umrühren, dann im vorgeheizten Ofen bei 150 Grad C/Gas 2 etwa 2 1/2 Stunden garen, bis der Reis gar und der Auflauf cremig ist. Warm servieren.

Variante:

Schokoladen-Reis-Creme

Diese Version wird auf dem Herd gekocht. Vanilleschote weglassen und die restlichen Zutaten in einer Sauteuse mit 3 Kardamomkapseln zum Kochen bringen. 40 Minuten köcheln lassen, bis der Reis gar ist. Kardamomkapseln herausnehmen. Ein Eigelb unterrühren und 1 Minute kochen lassen. In eine Schüssel füllen, abdecken und kalt stellen. Mit Puderzucker bestreuen und eiskalt servieren oder mit etwas Schlagsahne verziert.

Weißer Schokoladenauflauf

Die gehackte Kuvertüre im Wasserbad bei milder Hitze schmelzen. Herausnehmen und glattrühren.
Mit einem Kochlöffel oder dem elektrischen Handmixer die Butter schaumig rühren. Nach und nach den Zucker unterrühren und zu einer dicken Creme aufschlagen. Eier eßlöffelweise unterrühren.
Mit einem Palettenspatel das Mehl mit dem Salz unterheben, zum Schluß die Schokolade, die Bourbon-Vanilleessenz und genügend Milch, um eine dickflüssige Konsistenz zu erzielen.
In die vorbereitete Auflaufform löffeln, die zu zwei Dritteln gefüllt werden sollte. Locker mit gebutterter Alufolie abdecken und im vorgeheizten Ofen bei 180 Grad C/Gas 4 etwa 35 Minuten backen, bis der Auflauf fest geworden ist.
Währenddessen die Schokoladensauce zubereiten: Milch in einer Sauteuse erhitzen. Kakaopulver, Zucker und Stärke in einer Schüssel mit den Eigelben und einem Eßlöffel Milch zu einer dicken Paste verrühren. Mit der restlichen Milch anrühren und in der Sauteuse bei milder Hitze erwärmen, bis die Sauce anzieht – nicht aufkochen lassen! Sofort zusammen mit dem Auflauf servieren.

80 g weiße Kuvertüre, gehackt
115 g Butter, temperiert
115 g goldener Rohrzucker
2 große Eier, verrührt
150 g Mehl mit Backtriebmitteln
1 Prise Salz
Einige Tropfen Bourbon-Vanille-essenz
Etwa 3 EL Milch

Für die Schokoladensauce:
425 ml Vollmilch
20 g Kakaopulver
55 g goldener Rohrzucker
15 g Speisestärke
2 mittelgroße Eigelbe

Auflaufform von 750 ml Fassungsvermögen, gut gefettet

Ergibt 4 Portionen

Dieser köstliche Schokoladenauflauf mit heißer Schokoladensauce schmeckt besonders an kalten, regnerischen Tagen.

Ein wundervolles, aromatisches Soufflé, locker-leicht und zartschmelzend, mit überraschender Füllung.

Schokoladen-Soufflé

Die Förmchen mit geschmolzener Butter einfetten und mit Zucker ausstreuen. Auf ein Backblech oder in eine Auflaufform stellen.

Schokolade und Crème double in einer Sauteuse bei milder Hitze erwärmen, bis die Schokolade geschmolzen ist. Vorsichtig nacheinander die Eigelbe einrühren, dann die Hälfte des Alkohols dazugeben.

Eiweiß zu Schnee schlagen, mit dem Zucker bestreuen und kurz durchrühren, bis sich sehr fester Eischnee gebildet hat. Nicht zu lange rühren, sonst wird das Baiser später zu fest.

Die Schokoladensahne sollte noch warm sein, notfalls erneut erhitzen. Zum Auflockern mit einem Palettenspatel etwas Baisermasse unterziehen. Schokoladenmasse über den Eischnee gießen und vorsichtig unterziehen. Die vorbereiteten Formen mit der Hälfte füllen. Restlichen Alkohol darüberträufeln und die Kekse in die Mitte jeder Form setzen. Restliche Masse darüberfüllen, bis die Förmchen vollständig gefüllt sind.

Im vorgeheizten Ofen bei 220 Grad C/Gas 7 8–10 Minuten backen. Aus dem Ofen nehmen, wenn die Soufflés gerade gar sind und die Teigmasse noch weich federt, wenn man die Form vorsichtig schüttelt. Mit Puderzucker bestreuen und sofort servieren.

170 g Vollmilchschokolade, in kleine Stückchen zerbrochen
140 ml Crème double
2 mittelgroße Eier, in Eigelb und Eiweiß getrennt
2 Eiweiße
4 EL Weinbrand oder Amaretto (Mandellikör)
3 EL goldener Rohrzucker
4 Amaretti-Kekse
Puderzucker zum Bestreuen

Vier Souffléförmchen von 300 ml Fassungsvermögen, gebuttert und mit Zucker ausgestreut

Ergibt 4 Soufflés

Samtweicher Höhepunkt eines ganz besonderen Abendessens – genießen Sie dazu eine Tasse sehr starken Espresso.

Schokoladenterrine

400 g Zartbitterschokolade, grob gehackt
40 g Kakaopulver
3 EL starker Espesso
2 EL Weinbrand
6 große Eier, temperiert
100 g goldener Rohrzucker
250 ml Crème double, gekühlt

Terrinenform mit den Maßen 22 x 11 x 7 cm, gefettet und am Boden mit Backpapier ausgelegt

Bain-Marie-Wasserbadform oder Auflaufform

Ergibt 8 Portionen

Die Schokolade im Wasserbad mit dem Kaffee und dem Kakaopulver bei milder Hitze unter häufigem Rühren schmelzen. Herausnehmen, Weinbrand unterrühren und auskühlen lassen.

Eier in einer Schüssel mit dem elektrischen Handmixer durchrühren. Zucker hinzufügen und zu einer dicken Creme aufschlagen.

In einer anderen Schüssel die Sahne steif schlagen. Mit einem Palettenspatel die Schokolade unter die Eiercreme ziehen und die Sahne unterheben. Die Masse in die Terrine füllen und in die mit heißem Wasser gefüllte Auflaufform stellen.

Im vorgeheizten Ofen bei 170 Grad C/Gas 3 1–1 1/2 Stunden garen, bis bei der Garprobe kein Teig mehr am Holzstäbchen kleben bleibt.

Aus dem Ofen nehmen, im Wasserbad 45 Minuten nachziehen lassen, dann herausheben und vollständig erkalten lassen.

Über Nacht kühl stellen, dann aus der Form heben. Die Terrine mit Puderzucker bestäubt servieren. Sie hält sich, sorgfältig in Folie gewickelt, bis zu 5 Tagen im Kühlschrank.

Die Creme ist sehr reichhaltig, deshalb können die Portionen ruhig kleiner ausfallen.

Crème Brûlée mit Schokolade

600 ml dicke Schlagsahne (etwa Bärenmarke »Der Rahm«)
1 Vanilleschote, aufgeschlitzt
300 g Zartbitterschokolade, fein geraspelt
4 mittelgroße Eigelbe
60 g Puderzucker, gesiebt
3 EL goldener Rohrzucker zum Bestreuen

8 Auflaufförmchen mit 150 ml Fassungsvermögen

Bain-Marie-Wasserbadform oder Auflaufform

Ergibt 8 Portionen

In einer Sauteuse die Sahne mit der Vanilleschote erhitzen, aber nicht kochen lassen. Vom Herd nehmen, abdecken und 15 Minuten durchziehen lassen.
Vanilleschote entfernen und mit einer Messerspitze die Samen in die Sahne kratzen.
Schokolade einrühren, bis sie geschmolzen ist.
Eigelbe und Puderzucker in einer mittelgroßen Schüssel mit einem Kochlöffel verrühren, dann die warme Schokoladensahne unterziehen. Gut mischen, dann in die Förmchen füllen.
Die Förmchen in die zur Hälfte mit heißem Wasser gefüllte Auflaufform stellen und im vorgeheizten Ofen bei 180 Grad C/ Gas 4 30 Minuten stocken lassen. Aus dem Wasserbad nehmen und auskühlen lassen. Abdecken und über Nacht oder bis zu 48 Stunden kühl stellen.
Mit etwas Zucker bestreuen, dann unter einem sehr heißen Grill in wenigen Minuten karamelisieren lassen. Vorsicht: Wenn die Förmchen zu lange unter dem Grill bleiben, beginnt die Crème Brûlée zu schmelzen. Innerhalb einer Stunde servieren.